PRŒSAMLÉ

Dénoncé, par un *sot*, à la police correctionnelle,
Accusé par une ame *imbécile* et Christo-fidelle,
Acquitté par la bénine question intentionnelle,
Honoré par la République dûment immortelle,
Récompensé de par une loi stable et solemnelle,
Glorifié par toute la jeunesse constitutionnelle.

Ce qu'on vient de lire est le sommaire de l'ESSAI qu'on va lire.

A 72 1/2 centimes, en cuivre, l'exemplaire.

Le produit est pour les pauvres, *quos semper habetis vobiscum.*

L'on prendra les *ci-devant* sols à raison de 5 centimes la pièce, sans égard à la moins - value des uns ou des autres; et on rendra leur cuivre, en argent blanc, à ceux qui ne seront pas contens de cet *Essai* justificatif de l'*anti-Christ* Prœsamlé.

STRASBOURG, *an IX.*

On trouvera de ces ESSAIS, (qui ne sont pas des ESQUISSES,) chez les cit. Levrault, Kœnig, Treüttel, Eck, Gay, et chez tous les libraires et imprimeurs de nouveautés, *fors* le F. Bott Israel.

L'immortel Jean F. PRŒSAMLÉ *en grand Costume.*

Au Directeur du Jury de la police correctionnelle de l'arrondissement de Strasbourg.

„ Brûlez la noix et avalez la coque.
„ Verbrennet den 2c. J. F. *Præsamlé.*
Esquisse p. 42.

CITOYEN DIRECTEUR,

SI, aulieu de vous écrire, je ne vais pas, comme tant d'autres, vous importuner de ma personne, c'est que je me suis séquestré totalement de la société des humains, depuis qu'un premier artiste, officier de santé, me créva un œil, pour m'y faire mieux voir; qu'un second, opérateur à grand train, m'emporta le foyer de l'autre, pour me donner la berlue; qu'un troisième, *officier* de machoire, m'arracha la meilleure de mes dents, pour me laisser la mauvaise; qu'un quatrième, ouvrier en armes blanches, m'appliqua au col un sabre nud, pour me faire quitter la bourse ou la vie; qu'un cinquième, expert en différens arts, me déroba un dépôt, converti en or du poids de 30 marcs, pour y substituer *matériellement* des papillotes, *à la décharge de sa conscience;* qu'un sixième, *virtuose* en escroquerie, me etc. (j'irois jusqu'au centième, et je ne finirois pas.)

Cependant je ne suis pas tellement isolé dans ma retraite, que je ne me voye encore dans la piteuse nécessité de répondre, vingt fois par jour, *là là*, ſo und ſo, *cosi*, *cosi*, à ces vieilles formules œcuméniques de *comment ça va-t-il*, wie gehts, *come stà*, inventées sans doute, à l'école de Salerne, pour égayer la conversation des *docteurs* et des malades.

Quelquefois aussi il me vient des amis du vieux temps, qui, sans s'informer par étiquette de ce qu'ils voyent par leurs yeux, me saluent et m'embrassent, prennent un siège, me content leurs affaires, m'apprennent les nouvelles du jour; et, soudain, nous voilà à célébrer Bonaparte, à bénir les Préfectures, à maudire les jacobinières, et à philosopher fièrement sur les vices et les vertus du siècle.

J'ai su par l'un d'eux, Citoyen directeur, que l'on avoit dénoncé à votre sol-
licitude, ou à votre zèle pour le maintien
du bon ordre, un nommé J. F. Prœsamlé,
esprit fort, et commentateur *original* de
l'écriture sainte, comme si de fait ce génie
étoit un perturbateur du repos public,
un désorganisateur de l'harmonie sociale,
un provocateur à la guerre de religion,
pour avoir *simplement* révélé, à l'univers
chrétien, la découverte, qu'il venoit de
faire, que (NB.) *le Christ, soi-disant le
Messie, étoit un imposteur ; qu'il n'étoit
pas plus Dieu que sa mère n'étoit vierge,
après avoir eu 4 ou 5 enfans* (*) ; *que*

(*) *Me seroit-il permis de placer ici, sans m'exposer
à la censure, la prière que je fais journellement pour le
philosophe Prœsamlé, depuis que j'ai parcouru son
Esquisse ? Elle est fondée sur la persuasion où je suis
qu'il est aux regrets de sa faute purement* matérielle, *et
qu'il va la réparer convenablement dans le grand commen-
taire dont il s'occupe.*

Vierge immaculée ! Mère de Dieu ! Vous avez toujours
exaucé ceux qui ont imploré avec confiance votre puis-
sante protection ; priez, je vous en conjure, notre Sei-
gneur, votre fils, (qui du haut de la croix, a pardonné à
ses bourreaux, *parcequ'ils ne savoient ce qu'ils faisoient*),
afin, que ce doux Sauveur daigne, pour la même raison,
pardonner à un philosophe jacobin, qui, n'ayant jamais
lu l'évangile de St. Marc, (*Chap.* 14. *vers.* 62), n'en sait

les *prêtres étoient des fourbes*, **qui ne visoient qu'à escroquer des aumônes**, etc. Voyez son ESQUISSE Ueber Christus- und Pfaffen-Religion. Il doit se trouver joint à la dénonciation déposée au greffe du tribunal. En tout cas, l'on peut en avoir,

---

pas plus que n'en savoient ces mêmes bourreaux. Sans doute, Mère de grace, il auroit vu dans ce chapître, s'il y avoit regardé, que votre divin fils, n'a été mis à mort, que pour avoir *blasphêmé contre Dieu*, en se disant *son vrai fils, assis à la droite de son père*. De même, ô Vierge sainte, ne connoissant ni la langue, ni les usages de la Galilée, ce philosophe du Bas-Rhin, ne vous a outragée, en vous donnant quatre fils, outre Jesus-Christ, que parcequ'il ne savoit pas davantage que les cousins s'appelassent *frères* dans les pays orientaux; et que de là il ne s'ensuivit point, que la mère de l'un fût également la mère de l'autre. Vous lui pardonnerez donc aussi, Mère de miséricorde, puisqu'*il ne savoit pas* plus *ce qu'il disoit* là, en vous calommiant dans son ignorance, qu'*il ne savoit ce qu'il faisoit* en méconnoissant la divinité de votre fils, quoiqu'attestée par lui-même, et par sa résurrection. Oui, vous lui pardonnerez, Patronne des répentans, car il est contrit et humilié, depuis surtout qu'il s'est ressouvenu que les clubistes, ses *amis*, se nommoient pareillement *frères* entr'eux, encore qu'ils ne fussent pas tous nés de la même mère; et il vous promet bien sincérement de réparer sa faute ou son erreur, dans un œuvre qu'il doit publier incessamment, et où il rendra à votre virginité reconnue, le juste hommage qui lui est dû; après y avoir confessé hautement la divinité du CHRIST, votre fils unique, qui *viendra juger les vivans et les morts*, et qui, comme il nous l'a dit, vivra et *règnera au Ciel*, avec le Père et le Saint-Esprit, dans tous les siècles des siècles. Ainsi soit-il.

chez *F. Bock*, des exemplaires par balots,
à 90 centimes la pièce, en chemises *bleues*,
compris 15 centimes *additionnels*.

Citoyen! je suis prêtre, je suis injurié
grièvement; je pourrois donc poursuivre
personnellement *l'esquisseur*, comme j'ai
poursuivi dans le temps, pour mon compte,
et le *mairillon* Monet, *mineur* du Mont-
blanc, et le scélérat Schneider, son ad-
judant de campagne, et le forcené La-
veaux, son fripier d'*esprit public*, qui
tous, coiffés de leurs bonnets, avoient de
même exécré et vilipendé, dans leur rage,
la *race* sacerdotale collectivement prise;
mais je sais distinguer des frénétiques
athées, d'avec un bon-garçon comme
Prœsamlé, qui connoit, comme l'A. B. C,
sa bible de Wittemberg; qui n'y entend
pas malice, et qui certes ne peut avoir
eu en vue d'exciter des troubles, bien
moins la guerre civile, pour arriver à
son but, lequel se bornoit tout-uniment à
convertir au vrai Dieu les nations aveu-
glées, dont il a pitié.

Permettez-moi, Citoyen, d'entrer ici,
à son sujet, dans quelques détails qu'on
m'a garanti véritables, et qui m'ont fait
renoncer à toute espèce de réparation

de sa part, en esprit de charité catho-
lico - chrétienne.

Dès l'âge de 14 ans, ce jeune homme,
dé très - jolie figure, déjà *capable de
tout* , fit son entrée dans le monde
sous les plus heureux auspices. Dédaig-
nant le métier de son père, trop ignoble
pour lui , il étoit parvenu au moyen
des secours du citoyen Türckheim son
protecteur , à faire au collège le cours
complet de ses études, pour devenir, à
son tour, ce qu'on appelle Helfer, ou sous-
ministre du saint évangile. (*) Il en étoit
là au moment de la révolution française,
où , donnant en ville des leçons de caté-
chisme aux enfans , pour ses menus plai-
sirs , et s'ennuyant de puiser toujours la
même doctrine dans le bissac du *bon
Pasteur*, il s'avisa de fouiller aussi un peu
dans la *besace* ou dans *la poche du loup* ,
connu à *Wolffenbüttel* sous le nom de
LESSING. Son premier soin fut de faire
main-basse sur des *fragmens* qu'il y trouva,
pour les nicher dans sa tête. Ces frag-

(*) Cela lui étoit comme assuré par le sur-intendant
Müller, professeur au Temple-neuf, où il souscrivit, à la
prière de son jeune élève, le précis édifiant de sa croyance,
publié, par le savoyard Monet, au départ des *missionnaires* lotharingiens.

mens étoient épais et compacts; ils étouf-
fèrent subitement dans sa tendre cervelle
toutes les semences de christianisme prêtes
à y germer; ce qui ensorcela si bien la
vocation du novice que, d'*apprentif* pré-
dicant qu'il étoit au collège, il se fit, d'un
saut, *maitre* orateur au club, et devint
ainsi, par la suite, l'un des apôtres-pro-
pagandistes du jacobinisme le plus pur. Il
est vrai que, dès-qu'il eût mis bas ses
haut-de-chausses pour faire sa profession
au miroir, et se montrer *sans culotte* sui-
vant les statuts d'alors, il fut élu presque-
aussitôt membre du comité des recherches;
et même, eu égard à son penchant pour
la *belle littérature*, on l'attacha spéciale-
ment à la rédaction de ces fameuses listes
de déportation, qui ont si *sagement* épuré
la commune ... Que devoit-il faire dans
sa nouvelle position? y avoit-il à balancer?
Il a bien fallu qu'il répondit à la confiance
que ses *frères et amis* lui témoignoient.
Aussi a-t-il justifié le choix qu'on avoit
fait de lui pour cette importante mesure
de salut public. Le premier qui fut porté
sur la première de ces listes, étoit préci-
sement le généreux bienfaiteur qui lui
avoit payé ses collèges et ses nippes. Un

franc jacobin, lui disoit-on au comité, ne connoit que son devoir : il n'a , au déhors, ni parens ni amis. Veut-il bien mériter de la patrie? il étranglera son père, brûlera les autels, renversera les temples et assassinera les gouvernans et les gouvernés pour *le salut de ses frères*, ou pour *le bien de l'humanité*, (ce qui est synonime au club,) Ce n'étoit pas lui qui avoit fait ces principes-là ; il les a trouvés tout-faits et tout-posés, lors de son installation. Le voilà donc, à cet égard, pleinement disculpé, si l'on pouvoit vouloir le taxer d'ingratitude envers le charitable Türckheim.

Telle est, en abrégé, l'histoire *morale* du philantrope *illuminé*, qui, par un essor hardi, planant comme un ange tutélaire sur notre antique cité d'*Argentorat*, loin de vouloir y troubler le bon ordre et la paix, a cru devoir au contraire, en y manifestant son érudition *lupocorienne*, consacrer ses loisirs *actuels* et ses talens littéraires à la conviction intime et à la régénération radicale de ses chers concitoyens, tous chrétiens, catholiques ou protestans, fourvoyés par leurs prêtres.

Il leur démontre géométriquement ,

comme deux et deux font quatre, que, d'après la trouvaille qu'il a faite dans les susdits fragmens, ces honnêtes chrétiens n'avoient été, depuis une quinzaine de siècles, que des imbéciles et des sots, qui, sur la parole de leurs ministres, avoient cru bêtement, avec l'Europe, l'Amérique etc. que *Jésus — Christ étoit Dieu*, tandis que LESSING, qui n'est pas une bête *à cornes*, (c'est un célibataire.) dit que *cela n'est pas vrai* ; et qu'il le prouve, dans ces mêmes fragmens irréfragables, dont les matériaux manuscrits, (ou les *matières cucus*crites) ont été légués en 336, par ARIUS , dans les *commodités publiques* de Constantinople, aux ancêtres des LESSING-*Wolffenbüttel*, qui les lui ont transmis (*).

Citoyen! Je ne suis pas, tant s'en faut, à la hauteur du *bon J. F.* Prœsamlé ; je ne sais point ma bible par cœur ; jamais je n'ai feuilleté dans les fragmens d'Allemagne ; mais, avec le peu de judiciaire

____

(*) Voyez l'histoire ecclésiastique de Fleury et autres qui rapportent la mort subite de l'hérésiarque Arius, arrivée dans les latrines publiques de Constantinople, la veille du jour où il vouloit forcer l'évêque Alexandre de le recevoir à la communion de l'église ; ce qui fut regardé, par les catholiques, comme une punition divine.

qui me reste dans ma décrépitude, je me sens encore assez de vigueur et d'énergie pour oser prendre *officieusement* sur moi, envers et contre tous, la défense d'un *grand innocent ;* si l'on vouloit mal-à-propos le traduire devant un jury quelconque, pour avoir cherché, de la meilleure foi du monde, à éclairer le pauvre genre humain sur ses plus vifs intérêts. Oui, je le dis avec assurance, dussé-je même n'avoir pour lui que la simple *question intentionnelle*, inventée *au Manège* tout-exprès pour mettre l'innocence à couvert, je me ferois fort de triompher de tous ses détracteurs, et de faire acquitter l'accusé, quelle que puisse être la multitude des témoins à charge, pris dans les deux hémisphères. Eh! oui, *gaudeant bene* intention*nati !* vive la question intentionnelle !

Weycer et Chevalier, d'*éclatante* mémoire, avoient été légalement acquittés par elle, quoiqu'ils fussent atteints et convaincus d'avoir voulu rétablir la constitution de 1793, (voyez le *Journal du soir.*) Croyez-vous qu'ils auroient été fusillés, comme ils l'ont été depuis l'explosion de la machine-*Nicaise*, si on les

eût fait répondre, encore cette fois-ci,
à la bénigne question ?

L'artiste jacobin, qui porta une main
sacrilège sur mon dépôt de mille pièces
d'or, pour se l'approprier en silence, ne
me dit-il pas aussi, sept ans après le vol,
au moment où je découvris son crime,
qu'il n'avoit commis là qu'un *péché matériel*,
et que, s'il a tout dépensé, c'est qu'*il n'a-
voit pas cru mal faire?* Son intention *pure*
doit nécessairement l'acquitter de droit
au jury ; et son *saint* empressement à ré-
pandre bien-vite tout le trésor dans sa
famille plus riche que lui, l'acquitte de
fait à mon égard, en vertu de la *sentence*
de Vienne, reçue en France comme ailleurs : *Où il n'y a rien, l'Empereur perd
ses droits* (*). Wo nichts ist, u. f. w.

Les *frères et amis* Helbourg, Lhan-
neur etc. qui, pendant que j'étois ici ma-

(*) Il s'étoit si bien préparé à faire là ce qu'on appelle
en France une *banqueroute frauduleuse*, qu'il n'a pas même
voulu employer, au payement de ses dettes criardes, la
moindre obole de cette grosse somme d'or ; et qu'aulieu de
me dire qu'il la retireroit de chez ses enfans où il l'avoit
placée, il me proposa, par dérision, qu'il me donneroit ses
vieux meubles, (qui ne valent pas 50 écus,) et que, si
je n'étois pas content, je n'avois qu'à LE BATTRE. *Qui
non in ære solvat in cute.* C'est un axiome connu.

lade, m'ont volé avec effraction pour 12 à 15 cent francs de meubles dans ma maison à Obernay, en prétextant que ce mobilier étoit à eux, diront aussi, au jury de Barr où l'affaire a été portée, qu'ils n'avoient pas eu l'*intention* de voler, ayant voulu simplement *revendre* au plus offrant des effets qu'ils disoient avoir achetés. Sans doute que cette intention *innocente* de revendre de vive force le bien d'autrui, les acquittera, si la douce question intentionnelle doit avoir lieu pour eux ; et dès le lendemain ils iront *dûment* acquittés, chez leur voisin, pour y *revendre*, en son absence et à son insu, tout ce qu'ils y trouveront de quelque valeur qui pourra les accommoder. En tout cas, je ferai part au public de la tournure que prendra cette équipée criminelle, aussitôt qu'il y aura un jugement de rendu.

Je pourrois rapporter ici, à l'appui de mon assertion, mille traits de cette nature, si je voulois mésuser de votre indulgence ; ce qui ne seroit pas discret.

Vous voyez donc, Citoyen directeur, que, plastronné de son intention, Prœsamlé n'a rien à craindre des coups qu'on pourroit lui porter. Il a au contraire, quand une fois l'on aura pénétré dans ses vues bienveillantes, tout à espérer de la reconnoissance de ses contemporains, sans compter celle des générations futures, d'avoir su, dans un petit *esquisse de rien*, leur apprendre, à la faveur de ses récherches, nombre d'anecdotes vraiment et singulièrement curieuses. C'est par lui que nous savons aujourd'hui p. e. que le CHRIST, qui *se faisoit passer* pour le Messie, *étoit né juif.* **Chriſtus war ein gebohrner Jude.** C'est-à-dire qu'il n'étoit pas *né chrétien.* Car observez que notre *Lettré* ne veut pas absolument rompre avec *le Christ* comme *fils de l'homme ;* il n'en veut qu'aux chrétiens, pour les instruire du *vrai*, et faire pièce aux prêtres qui les trompent. Il a eu soin, de peur que l'on ne s'y méprenne, de faire, de sa révélation, une phras*ette* détachée et terminée par un point, *punctum.* (page 6.) Dans une note, il leur apprend, (page 9) surtout aux républicains français qui auroient pu l'avoir oublié depuis la révolution, que « les *prêtres* (**Pfaffen**) étoient » habillés en noir, en blanc, en gris, en » brun etc. ; qu'ils portoient des chappes

» brodées en or et en argent, des surplis,
» des capuces, des barbes etc.; qu'ils ne
» se marioient point; qu'il y a, dans leur
» église, une hiérarchie, composée d'ar-
» chévêques, d'évêques, de prêtres, de
» sur-intendans, de diacres, etc. Plus
loin, (je crois superflu de citer les pages,)
il nous assure que « les papes se laissent
» baiser la mule; que les apôtres n'a-
» voient pas la dixme des terres; que les
» Pfaffen catholiques ne sont point des
» rabins de la synagogue; que le *Pater*
» *noster* a été composé par J. C.; qu'on
» l'adresse à Dieu, et non à ses saints;
» que les prêtres avares ne font pas l'au-
» mône; qu'ils disent savoir convertir un
» peu de pâte dans le corps de Jésus-
» Christ; que la pénitence, qu'ils quali-
» fient de sacrement, ne consiste point
» dans la cérémonie de brûler des cierges;
» que la réligion du *Christ* est fondée sur
» la charité; qu'on expédie à Rome des
» dispenses *pour de l'argent*; etc. etc. (*)

(*) Il auroit pu y ajouter qu'à Paris aussi, (de même
qu'à Rome), l'on délivre pour des *francs*, des dispenses
de résidence, qu'on appelle *passeports*; des dispenses de
service, qu'on appelle *congés*; des dispenses de maitrise,
qu'on appelle *patentes*; etc. avec cette différence toutefois,

Enfin

Enfin il nous annonce *ingénûment* , à chaque page de son *Esquisse* , des faits de la même *originalité* , qu'il a découverts dans le cours de ses recherches. Que ne fera-t-il pas lorsqu'un de ces jours il daignera nous enrichir de *l'œuvre* même, dont la minute passe déjà 15 volumes in-4.°, sans les notes qui, suivant qu'il l'a déclaré lui-même à la brasserie de l'*ours blanc*, doivent former un volume à part, avec figures grotesques. L'on souscrit pour tout l'ouvrage, chez l'auteur, cul de Tho-mas, (autrement 𝕿𝖍𝖔𝖒𝖊𝖓𝖑𝖔𝖈𝖍,) N.° 5, au 4.ᵉ *sur le derrière* (*).

Le grand point, Citoyen, lorsqu'on a

---

que le produit des dispenses romaines, est *donné* à de pau-vres missionnaires à la gloire de la foi ; au lieu que le pro-duit des dispenses républicaines, est *volé* par de riches commissionnaires à la honte de la loi. Le malin Aristar-que sait bien qu'il y a une propagande au vatican, comme il y en avoit une ci-devant au *miroir;* mais parceque *Lessing* n'en dit pas le mot dans ses *fragmens*, il a cru devoir faire comme lui dans son *esquisse*. Les rhéteurs appellent cela une *réticence*, les orateurs une *subreption,* les docteurs une *finesse*.

(*) Il y aura des exemplaires à tout prix. On dit même que les pauvres, ci-devant soi-disans sans-culottes, qui savent lire, en auront *gratis*, sur papier brouillard. Les riches de tous les cultes payeront pour les pauvres, sui-vant ce qui se pratiquoit *au Séminaire*. Cela s'entend.

le bonheur de posséder dans une république un sage de cette trempe qui, à l'aide
d'une *autorité* unique ignorée hors du Wolffenbüttel, sait enseigner d'une manière si
lucide et si convaincante, c'est bien-cer-
tainement, non de contester, d'argumenter, de controverser avec lui ; mais de
savoir approfondir ses vastes desseins,
apprécier son mérite, stimuler son talent ;
c'est surtout de faire, pour l'émulation gé-
nérale, ériger en son honneur un monu-
ment durable et digne de lui.

Or, pour préluder à cet objet dispen-
dieux, en attendant la paix, qui va nous
ramener les *espèces émigrées*, je serois
d'avis que le gouvernement distinguât notre *Phénix*, comme un homme incom-
parable à tout autre, par un costume à
décréter pour lui seul ; car un sabre ou
des pistolets *d'honneur* ne conviendroient
plus à un jacobin qui, depuis le mémorable 18 *brumaire*, a mis bas les armes,
avec son commissariat-correctionnel, où
il s'étoit fait, comme tout le monde sait,
une réputation incommensurable.

Mon avis seroit, dis-je, si j'étois con-
sulté, qu'on lui dépêchât, des *Tuileries*,
par un courrier extraordinaire, un beau

bonnet, couleur de *tuiles*, brodé en argent
fin, et surmonté d'une houpette bleue;
qu'on y joignît un gilet et des pantalons
à l'avenant, dont les revers seroient bro-
dés en perles d'Égypte, et qu'enfin on y
ajoutât une mantille *verte*, ornée de fran-
ges tricolores, pour lui servir de décora-
tion aux processions civiques; qu'affublé
de ce costume d'honneur, il eût le droit
exclusif de requérir, pour son cortège, cette
jeunesse brillante, qui se forme *aux bon-
nes mœurs* dans nos rues; et de se faire
suivre et précéder par tous ces *citoyenaux*
impubères, enfans de la patrie, pour les
laisser crier à leur manière, au son de
leurs petites trompes : « Ehi! le voici, le
» voilà, celui que la grande nation honore
» comme un savant, patriote de 89, qui
» pour 15 sols nous a enseigné de grands
» secrets, dans un petit livret déjà placé
» dans nos bibliothèques *bleues*; et qui
» nous en promet de bien plus grands
» encore, dans de gros livres, auxquels
» il travaille pour achever notre éduca-
» tion !... Hi, hi, ha, ha! hiha! le
voici, le voilà. (*)

(*) *AVIS à l'aimable jeunesse, qui glapit et voltige
habituellement dans les rues et les carrefours de la com-*

Mais, tout bien considéré, ne seroit-ce
pas au maire de notre commune à proposer officiellement, au premier Consul,

---

*mune, sous la surveillance de leurs pères et mères, si
surveillance et pères et mères y a.*

Au nom de qui il appartiendra!

L'on vous fait à savoir, que tous ceux d'entre vous qui,
n'ayant point atteint encore l'âge de 14 ans, auront eu
l'honneur d'être du cortége de l'immortel J. F. Prœsamlé,
leur professeur *extraordinaire*, révéré par la nation, rece-
vront à bureau ouvert, place aux sables N.º 6, de la part
d'un admirateur des vertus et des talens de ce génie, la somme
une fois payée de 75 centimes, ou la pièce de 15 sols, (v. st.)
à titre de récompense *particulière*. Et ceux qui justifieront
avoir criaillé de toute la force de leurs jeunes poumons,
et avoir poussé de leur mieux les sons les plus aigus, à
la gloire dudit immortel, soit au moyen de leurs voix
perçantes, soit à la faveur de leurs trompettes *argentines*,
toucheront en espèces sonnantes une gratification de deux
francs quatre-vingt-quatorze centimes et un quart, for-
mant ce que l'on appeloit ci-devant un écu de trois livres;
bien entendu qu'ils joindront chacun, à leurs pétitions respectives, un extrait de naissance, pour constater l'âge, un
certificat de résidence dans la commune, une attestation
de vie et de mœurs, une permission de leurs parens pour
folâtrer avec les jeunes patriotes, connus sous le nom de
Gassenbuben, et enfin un procès-verbal dressé, par le juge
de paix de l'arrondissement, sur la déclaration affirmée de
dix citoyens qui auront été témoins de leurs cris; le tout
dûment timbré et enregistré, comme de droit.

Les présentes seront publiées et annoncées dans la feuille
hebdomadaire, aux frais de l'admirateur susdit, par l'imprimeur Dannbach, rédacteur de ladite feuille, qui les lui
portera en compte, lors de la solde des 900 francs, encore
dus de vieille date. R . . . . . .

l'envoi du messager *extraordinaire* dont il s'agit ? Le tribunal criminel peut bien, sans contredit, acquitter un accusé ; mais non, ce me semble, lui faire élever une colonne, ni même lui *adjuger* un costume spécial, autre que celui d'une chemise rouge, ou d'une paire de menotes, le cas échéant. Je connois le maire $\mathfrak{Hermann}$; il ne porte pas ce nom en vain. C'est un MAITRE - HOMME, ennemi prononcé des prêtres en général, autant qu'ami *politique* des savans comme Prœsamlé. C'est un *maitre* incivilissable (*) pour

---

(*) L'ancien vicaire général d'Eymar, prévôt de Neuviller et député du clergé à l'assemblée constituante, avoit été rappelé dans le diocèse par les curés soumis à la loi. Il s'étoit rendu à leurs vœux ; et, après avoir fait à Neuviller la promesse prescrite de fidélité à la constitution dernière, il étoit venu à Strasbourg, dans le dessein de demander au citoyen Préfet quelles pourroient être les formalités ultérieures qu'il auroit à remplir, pour jouir en paix de la liberté individuelle ; mais à peine le maire *Hermann* sut-il son arrivée dans la commune, qu'il le manda pour lui donner un planton, et pour lui signifier, en ricanant, qu'il eût à repasser le Rhin dans 2 fois 24 heures, sinon etc. Le ton de hauteur, l'affectation de mépris, l'air de raillerie du cit. maire, paroissoient si révoltans à l'abbé d'Eymar, qu'il ne pouvoit se persuader qu'il fût là en présence d'un fonctionnaire public, qui sans doute n'auroit dû se distinguer que par la gravité, l'honnêteté et la décence. Aussi, sur ce que ce fonctionnaire suffisant et ricaneur lui dit très-rustaudement : *Je vous ai vu autrefois dans ce même palais que j'occupe actuelle-*

les uns, un *homme* indéfinissable (*) à
l'égard des autres : un *maitre* qui fait sentir sa supériorité, lorsqu'on ne lui est bon
à rien, un *homme* qui *feint* de sentir la
supériorité des autres, lorsqu'ils lui sont
bons à quelque chose. Il se chargera d'autant plus volontiers de la besogne, qu'elle
lui donnera du relief et de l'importance
dans ses nouvelles fonctions, et qu'elle
intéresse d'ailleurs la gloire de son ancien
confrère, en sa qualité d'ex-commissaire
d'un Directoire exécutif de *mémorable*
mémoire.

Quoi qu'il en soit, Citoyen directeur,
on fera ce que l'on voudra *pour* l'hon-
néur, *à* l'honneur ou *en* l'honneur de
notre professeur sublime de doctrine pure;

---

ment, le grand-vicaire, indigné et stupéfait, s'en fut-il, en
haussant les épaules, et en annonçant au maire qu'il alloit
rendre compte, au ministre, des insolences non-méritées
qu'il venoit d'essuyer.

(*) Voyez son OPINION, publiée dans une diatribe révolutionnaire dont il infesta les départemens du Rhin, pendant
son séjour à Paris. C'étoit, à cette époque, la fureur ou la
manie de nos augustes législateurs, de nous suffoquer pério-
diquement *d'opinions* saugrenues; chacun voulant avoir,
pour la sienne, les *honneurs* de l'impression, fût-ce à ses
propres dépens; surtout lorsqu'il se trouvoit en *état de* guerre
avec des collègues, qui cherchoient à le débusquer.

j'ai dit mon avis ; je ne puis faire plus. Je n'ai peut-être que trop insisté et trop raisonné déjà sur le mode de la récompense nationale qu'il conviendroit de lui décerner. C'est dit, je m'en tiens là, pourvu que provisoirement vous mettiez dans le carton des rebuts toutes les dénonciations téméraires qui pourroient vous être faites encore contre lui par la suite ; et qu'il puisse se livrer désormais librement, sans patentes et sans crainte d'animadversion correctionnelle, à la révélation de toutes les trouvailles qu'il a faites, et dont il vient de nous donner un échantillon seulement, avec promesse formelle néanmoins d'en publier de suite une *collection considérable*, (welchem noch mehrere nachfolgen follen. C'est le texte de son épitre dédicatoire.) Je suis bien sûr qu'en le laissant puiser à l'aise dans les sources, suivant l'impulsion naturelle de sa sagacité, de son discernement, de sa pénétration, il ne manquera pas de faire de plus en plus de nouvelles découvertes, et l'on sera toujours forcé, par un sentiment de justice républicaine, de lui dresser tout-aumoins une statue quelconque, sans que je m'en mêle ; ne seroit-ce qu'une *Esquisse*

ou un modèle de plâtre ; en attendant
l'arrivage des pyramides de l'empire d'O-
rient, ou des canons de l'empire d'Occi-
dent, pour lui en faire une plus solide,
de marbre ou de bronze, aux dépens des
ennemis de la nation, occupée dans ce
moment-ci, *de par* son premier Consul, (*)
à pacifier, malgré eux, les deux empires
et pays adjacens.

Pardon, Citoyen ! J'avois promis de ne
pas abuser de votre indulgence, et je re-
marque que déjà j'ai barbouillé une ving-
taine de pages, sans avoir encore com-
mencé la justification partielle, article par
article, des nombreuses observations in-
génieuses, historico-théologico-critiques,

(*) *Da Buonaparte*, sans épithète quelle qu'elle soit ;
encore qu'en général je ne les haïsse pas. Il n'en est aucune,
dans les dictionnaires connus, pas même dans celui des
Quarante, qui puisse exprimer tout ce que vaut notre
Bonaparte. Son nom seul en dit plus que n'en diront jamais
tous les beaux discours académiques, dont sa modestie est
journellement obsédée et tourmentée. Et, puisqu'il est permis, à tout républicain français, d'avoir une *opinion* et de
a manifester, je dirai ici occasionnellement que la mienne
seroit qu'on adaptât à la charte constitutionnelle un article
supplémentaire, par lequel ce nom de *bon augure* fût
consacré à perpétuité pour désigner ou pour qualifier le
premier magistrat de la république des *Francs*, de même
que le nom de *César* avoit été successivement donné aux
différens chefs de la république des *Romains*.

dont la petite *Esquisse* philosophico-comique est généralement parsemée. Ce sera, pour ma récréation, à mes jours de loisirs, le sujet d'une brochure particulière, que je publierai, avec tout le luxe typographique, qu'on pourroit desirer, dèsque l'un ou l'autre des chefs-d'œuvres qui nous sont annoncés par notre proto - réformateur viendra à paroître. Je n'ai en attendant qu'une chose à lui recommander, mais une chose très-essentielle, c'est de ne plus s'aviser d'aller faire, comme un écervelé, des dédicaces de ses immortels œuvres à des *Mécènes* qui n'en sont pas dignes, et dont il n'est pas sûr. Le cruel affront qu'il vient d'avaler devroit seul le guérir pour la vie. Je veux bien, Citoyen directeur, vous raconter le fait, si vous me promettez de n'en pas souffler le mot au tribunal ; car si l'on venoit à faire informer sur la dédicace de son *Esquisse*, (que notre héros a imaginé d'adresser au Citoyen Metz, Secrétaire-général de la préfecture, avec une lettre d'envoi des plus suspectes,) *circonstances et dépendances*, je ne saurois trop comment m'y prendre pour justifier *quant à ce* son *intention*, qui paroit avoir été bien mauvaise. Aussi ce fonctionnaire public, généralement estimé et considéré, se trouva-t-il choqué à toute outrance de se voir affiché, comme si déjà il avoit fait abjuration formelle du christianisme, (sa croyance connue,) pour embrasser la religion du *dédieur*, dont jamais il n'avoit ouï parler, et qui jusques-là n'avoit encore osé l'approcher pour lui faire part de ses *sacrés* principes, bien loin d'être parvenu à les lui insinuer. Je ne puis mieux faire que de joindre ici la lettre qu'il m'a écrite à ce sujet; (*) mais de grace n'en dites

---

(*) *Au citoyen Rumpler, homme de lettres à Strasbourg.*

Je méprise trop, Citoyen, l'impudent auteur du libelle : Ueber Christus- und Pfaffen-Religion, pour que je l'honore d'une réponse. Il a eu l'impudeur de m'en envoyer, *sous l'adresse du Préfet*, un exemplaire avec une lettre d'accompagnement plus insolente que sa prétendue dédicace ; espérant, sans doute, qu'on lui répondra, ce qui auroit donné d'autant plus de publicité à son libelle. Mon silence lui a prouvé, quel cas je fesois de sa diatribe, quoiqu'en parlant dans sa lettre *des hommes ACTUELLEMENT puissans*, il ait voulu me faire entrevoir ma chute comme très-prochaine ; mais les événemens et la Providence qui les dirige ont trompé ses espérances.

Au surplus, si vous vouliez employer votre plume à venger un culte aussi scandaleusement que sottement outragé, vous aurez bien mérité de ceux qui le professent ; mais faire paroitre, sous mon nom ou en mon nom, une réponse, ce seroit attacher trop de prix à des calomnies qui honorent celui qui en est l'objet. etc. . . . .

Signé : M E T Z.

Strasbourg ce 20 *Nivose,* 9.

rien à personne, car, encore qu'il soit à présumer que cette lettre est ostensible à en juger par l'énergie de son texte, je n'ose presque prendre sur moi de la communiquer à un directeur de jury , qui pourroit peut-être envisager ma confidence comme une sorte de dénonciation , ce qui seroit absolument contraire à nos vues respectives , du citoyen Metz et de moi.

Quelle lourde bévue notre aigle en fait de doctrine a été faire là, de dédier son opuscule à un homme qu'il ne connoissoit pas ! Ah ! (j'ose vous le dire,) si je tenois ici, à l'instar du tribunal, mon indiscret client, sous ma férule correctionnelle, comme je le tanserois ! comme je lui dirois vertement : Êtes-vous donc fou, mon beau docteur , d'avoir pu hasarder de prédire la chute des hommes puissans, avant de savoir au juste l'effet de la machine infernale ? n'étoit-ce pas manifester trop - tôt que vous aviez reçu de *bonne part* des nouvelles de Paris, de ce qui s'y tramoit contre les jours précieux de *Bonaparte ?* Allons, allons, vous n'étiez qu'un benêt, en écrivant cette *lettre d'accompagnement,* jointe à votre dédicace, avant même que le feu fût mis à la mèche.

Il est très-possible, que cette précipitation impolitique nuise par la suite à votre gloire, malgré le costume d'honneur qui doit vous être provisoirement décerné. Certes, si vous vouliez faire encore désormais de semblables balourdises, j'abandonnerois votre défense pour le *temps* et pour *l'éternité*. Prenez garde à vous ! C'est un ami qui vous le dit : L'on n'aime pas en France les patriotes, fussent-ils de 89, qui savent si vîte les conspirations sourdes qui s'y font.

Voilà à peu près, Citoyen directeur, comme j'admonéterois mon étourdi, si je me trouvois bec-à-bec avec lui. Mais passons l'éponge sur son impertinence *éphémère*. J'ai appris d'un ami de Fréd. Bock, son collaborateur, qu'il est tout-honteux de l'avoir commise. Je sens parfaitement bien que Prœsamlé, ayant toujours, à crédit, mangé la veille son revenu du lendemain, pendant qu'il étoit en pleine activité de fonctions lucratives, doit nécessairement avoir éprouvé, dans sa marmite, une révolution allarmante pour lui et pour *les siennes*, depuis qu'en dernière analyse il a vu toutes ces fonctions diverses réduites à la stérile qualité honoraire d'EX ; comme d'*ex-précepteur*, d'*ex-orateur*, d'*ex-secrétaire*, d'*ex-commissaire*, d'*ex*-etc. Je sens de même que, curieux de remonter sa cuisine, et ayant dédaigné dans le temps d'apprendre à faire des *bouriquets* pour y suffire, il a dû naturellement spéculer sur le produit*net* de ses œuvres théologiques ; je sens encore, que, pour donner de la vogue et du débit à ces mêmes œuvres, il a dû imaginer sagement de les consacrer, par une épitre dédicatoire, à un homme marquant, révéré du public ; mais je sens aussi que, pour remplir son objet avec quelqu'ombre de prudence, il auroit dû en même-temps garder encore *in petto* le secret important, qu'il a révélé trop-tôt, comme un sot, par sa lettre d'accompagnement, où ses notions particulières, sur le tonnerre futur du 3 Nivose, se trouvoient si bien développées.

S'il m'étoit arrivé à moi, pauvre hermite, sémi-aveugle, mais ami de ma liberté, d'avoir eu une distraction de cette pitoyable espèce, je prendrois *sonicà* mon parti, sans m'inquiéter du *qu'en dira-t-on*? Ce seroit, Citoyen, de faire, sur le champ, les excuses les plus soumises à la personne de marque que j'aurois eu le malheur d'offenser. Et , si je me fusse oublié au point de lui avoir prophétisé sa chute prochaine , avant que le tonnelet n'eût sauté , j'irois me précipiter à ses pieds pour exciter sa commisération, et lui demander grace à genoux et à mains jointes; puisqu'il ne dépendroit que d'elle de vous communiquer officiellement ma prophétie , et de me faire mener de brigade en brigade, pour aller chercher en personne, aux Tuileries, le costume d'honneur dont l'envoi devoit se faire par un courier extraordinaire. Prœsamlé ne fera rien de semblable; il compromettroit sa réputation.

Au reste, je passe sous silence toutes les réflexions qu'on pourroit faire sur une autre petite espièglerie financière de *celui pour lequel je parle etc. etc.* (comme dit son ami Graffenauer, dans ses charmans plaidoyers,) qui est d'avoir, au mépris de la loi, publié sans l'agrément de l'auteur une seconde édition des œuvres du citoyen Gross; parce qu'en ma qualité de défenseur officieux de *celui pour lequel je parle*, je ne dois point aggraver les torts de mon client, lequel sans contredit est inexcusable dans cette injuste violation de la propriété d'autrui, faite par *celui pour lequel je parle*, et accolée à son ESQUISSE pour donner plus de crédit et vendre plus cher *ladite* ESQUISSE. C'est d'ailleurs chose par-trop plaisante, de voir un Jean F. Prœsamlé, tout en nous donnant sa profession de foi, trouver mauvais qu'un autre, avant lui, nous ait également donné la sienne, pour que je puisse le disculper de cette inconséquence ridicule. L'honnête Gross, muni de certificats les plus flatteurs, de la part des communes où il a rempli des fonctions publiques, saura confondre les calomniateurs qui voudront insinuer, qu'il a été *destitué*, abgefeßt; tout comme il saura en bonne justice révendiquer sa propriété. L'on m'a même assuré qu'il va incessamment actionner *celui pour lequel je parle*, aux fins de réparation avec dommages-intérêts : J'en serois fâché pour *celui pour lequel je parle;* mais je ne saurois gagner sur ma délicatesse de le défendre dans cette cause aussi révolutionnaire que risible de la part de *celui pour lequel je* devrois *parler.*

Encore un petit moment de patience, Citoyen directeur! Il m'importe, avant de terminer mon épitre, de vous instruire sommairement d'une affaire *correctionnelle,*

de l'espèce connue sous le nom de friponnerie. Elle a été commise, dans le temps de la terreur, pour me frustrer de mille carolins d'or, au moyen d'un faux nom, par l'escroc Joseph Lehmann, de complot avec son beau-frère Baruch, tous deux fameux clubistes. Depuis 4 ans je suis à poursuivre ces deux criminels *incorrigibles*, sans avoir pu obtenir jusqu'ici un jugement contre eux. D'abord l'officier de paix, toujours pacifique, après les informations faites sur ma plainte, a mis un an et plus, pour se décider à faire la visite domiciliaire, aux fins de se saisir du corps de délit, qui étoit le faux matériel qu'on a eu tout le temps de supprimer dans ce long intervalle. Et, depuis deux ans et au-delà, je suis à argumenter avec le greffier de votre tribunal, pour le porter à me donner communication des interrogatoires et de quelques autres pièces du procès. Il prétend que c'est à lui à pouvoir *classer* l'affaire ; il entend préjuger ainsi qu'elle n'est pas de la compétence de votre tribunal ; tandis que je soutiens, au contraire, qu'elle en est, et que c'est à moi à la classer par provision, sauf au tribunal à relever mon erreur dans la
classification,

classification, supposé que le délit ne soit point une *escroquerie*, (ainsi que je l'ai qualifié dans ma dénonciation,) mais seulement quelqu'autre petite coquinerie moins odieuse. C'est là, Citoyen, où j'en suis. Qu'on veuille appeler maintenant, les Lehmann et complices, des faussaires, des fripons, des escrocs ou des coquins, cela me devient fort égal. Je demande simplement qu'ils soient punis, aux termes du code pénal, et que j'óbtienne contr'eux les dommages – intérêts qui me sont dus. Or, tant que votre greffier persistera dans son avis et dans ses refus, je n'aurai point la ressource de l'appel; car il n'est personne qui ne sache, qu'il faille avoir un jugement de première instance, avant de pouvoir interjetter appel dudit jugement, si l'on n'en étoit pas content. C'est ce jugement que je sollicite; c'est lui qui doit régler toute ma marche. Le citoyen Marco est mon défenseur. Il est porteur d'une procuration spéciale *ad hoc.* Veuillez donc, Citoyen directeur, faire sortir enfin, de la poussière de votre greffe, un pro*cillon* qui intéresse plus encore le bien de la société en général, que mon dédommagement particulier.

C

L'ex-président Lehn de Rosheim, avec son *frère* Rapp et autres fiers terroristes, ont bravé, brisé et brûlé, dans mes église et chapelles à Ste. Odile, tous les Crucifix, les Vierges et les Saints qui s'y trouvoient. Je voudrois actionner ces iconoclastes, dévastateurs de ma propriété, et j'ose vous prier, Citoyen, de vouloir bien me dire s. v. p. à quel tribunal j'ai à m'adresser. Les avoués ne sont pas d'accord là-dessus, non plus que sur bien d'autres choses.

Salut et vénération,   R U M P L E R.

Strasb. ce 26 Pluv. an 9 rép.

P. S. Les ex-commissaires jacobins Zimmer et Schæffer, ainsi que leur ami Schan, m'ont chargé de etc. etc.

La suite pour l'ordinaire prochain, avec des anecdotes ressortissantes à-coup-sûr de votre tribunal, de même que certaines prouesses révolutionnaires du terroriste Striffler, ex-commis de la correspondance secrète du scélérat Schneider qui lui donna, *pour services rendus,* une femme *de réquisition,* très riche, mais niaise comme une oie. Le cocher, arrivé de Rosheim pour mener le scélérat à la noce, le trouva au poteau.

NOUVELLE OFFICIELLE.

Mon petit *Essai défensif* pour la cause de Prœsamlé auroit paru plutôt, si le typographe Heitz n'en eût gardé, chez lui, un peu trop long-temps, la minute qu'il s'étoit chargé d'imprimer sans délai. Il vient de me la renvoyer, avec une lettre d'excuses que je vais transcrire ici,

de même que ma réponse, pour l'édifi-
cation des chrétiens de tous les cultes. R.

COPIE FIGURÉE.

Strasbourg, le 12 Pluviose. 9.

MONSIEUR,

APPRÈS avoir de nouveau Parcouru le
Petit Ouvrage que Vous avez bien voulu
faire imprimer chez moi, je trouve qu'il
Contient trop de PARTIALITÉS pour que
je puis m'en charger. Si Vous croyez
que ledit Ouvrage ne Perte Rien de sa
valeur en les omettant, et si Vous Vouliez le faire, ce sera avec beaucoup de
Plaisir que je le mettrai en OUVRAGE ;
au cas contraire, j'espère que Vous m'ex-
cuserez lorsque je Vous dirai qu'il m'est
impossible de l'Imprimer.

En tout autre Cas je Vous offre mes
service et ai l'honneur d'être Votre Concitoyen

Jean Henry HEITZ, Imprimeur.

RÉPONSE

du 13 Pluviose, 9.

SI vous m'aviez prévenu, mon cher
concitoyen, que vous voulussiez consulter
M. le maire, pour savoir si vous pouviez,
ou non, imprimer en conscience mon ma-
nuscrit justificatif de Præsamlé qui renie
Dieu, je me serois bien gardé de vous le
confier. La partialité qui règne dans
l'ouvrage, est une affaire d'opinion, et

les opinions sont libres. Me proposer de rogner ces partialités, c'est comme si je vous invitois à mutiler l'un ou l'autre de vos bons enfans, sous prétexte que vous les aviez faits avec partialité. J'ai pour ma progéniture la même tendresse paternelle que vous avez pour la vôtre ; et, aimant mon prochain comme moi-même, je ne lui ferai jamais, pour complaire à qui que ce puisse être, la proposition sérieuse, de couper les oreilles ou les doigts à aucun fruit de ses œuvres. Il me sera toujours honorable d'avoir été partial pour la bonne cause. Au surplus, je vous dispense volontiers et sans rancune du soin de mettre en ouvrage *mon* ouvrage, *reconnu, pour un ouvrage déjà fait et fini, par deux passages de votre propre missive.*

Salut et fraternité,   R U M P L E R.

J'apprends à l'instant que l'ex-commissaire Jacques Fix et quelques agens ont expédié 2 quintaux d'*Esquisses* à l'adresse de Prœsamlé, qui les leur avoit envoyée, pour les vendre à la campagne. Ils invitent l'auteur à y *omettre* toutes les *personnalités* contre le Christ, la bonne Vierge, les Saints, les prêtres etc. et *ce sera*, disent-ils, *avec beaucoup de plaisir* qu'ils se chargeront du débit de l'*ouvrage.*

Nota. Extrait de la *Gazette de France* du 16 Pluv. 9.

Il s'instruit, en ce moment, une affaire devant la haute cour de justice de la République batave, dont le résultat provoque la curiosité publique. Il s'agit de dérision et de blasphême contre Jésus-Christ et la sainte Vierge. L'accusé se nomme P. . . . . . . etc. NB. *Quoi !* Les barques de la haute cour ne connoissent pas les *Fr*. . . . . *de Wolfenbüttel ! ! !*

9 782014 115321